営業力強化

寺澤　進吾
山田　良介　著

職業訓練法人Ｈ＆Ａ

◇ 発行にあたって

　当法人では、人材育成に係る教材開発を手掛けており、本書は愛知県刈谷市にあります ARMS 株式会社（ARMS 研修センター）の新入社員研修を進行する上で使用するテキストとして編集いたしました。

　ARMS 研修センターの新入社員研修の教育プログラムでは、営業コースをはじめ、オフィスビジネスコース、機械加工コース、プレス溶接加工コース、樹脂加工コースなど全 18 種類の豊富なコースを提供しております。また、昨今の新型コロナウイルス感染拡大を受け、Zoom※でのネット受講でも使用できるように、できる限りわかりやすくまとめましたが、対面授業で使用するテキストを想定しているため、内容に不備があることもございます。その点、ご理解をいただければと思います。

　本書では新入社員研修の内容をご理解いただき、日本の将来を背負う新入社員の教育に役立てていただければ幸いです。

　最後に、本書の刊行に際して、ご多忙にもかかわらずご協力をいただいたご執筆者の方々に心から御礼申し上げます。

2021 年 3 月
職業訓練法人　H&A

※Zoom は、パソコンやスマートフォンを使って、セミナーやミーティングをオンラインで開催するために開発されたアプリです。

◇ 目次

第 1 章

営業の基本
「考え方と心構え」

01 問題解決をするのが営業の仕事

1. 営業って楽しい！

　皆さんは、営業と聞いてどんな姿や仕事内容を想像するでしょうか？

　毎日毎日、住宅街を回って汗をぬぐいながらインターホンを鳴らす訪問営業や、店頭で満面の笑みで接して、お客様に商品を勧めることで販売ノルマを達成する店頭営業。
　もしくは、ブリーフケース片手にビジネス街を闊歩して、大型プロジェクトを成約に導くエグゼクティブの姿を想像したりするかもしれません。
　業界・業種や、扱い商材または取引形態など様々な違いはありますが、企業の成長に欠かすことのできない最も重要な職種が「営業」です。

　本書では、企業において最も重要な職種であり、大きな成果と報酬といった醍醐味を味わうことが出来る営業の仕事について詳しく学んでいきます。

　ここで質問です。本書を手にした皆さんは、「営業の仕事って楽しい！」、「毎日、営業の仕事でワクワクする」って、素直に思っていますか？
　「営業は天職」と広言し、心から「楽しい！」、「ワクワクする」と思いながら日々営業活動をして大きな成果を上げ、インセンティブ報酬や社長賞など収入に直結する恩恵を受けている方もいらっしゃると思います。
　一方で、「マニュアル通りにやっても成果が出ない」、「飛び込み営業がつらい」、「ノルマを達成するのが厳しい」など、マイナスな思考や態度で日夜、営業活動をされている方も非常に多いのではないでしょうか。

　営業が楽しいといえる前者と、営業がつらい、苦痛と感じる後者の間にはどの様な違いがあるのでしょうか？
　もちろん、特定業種の営業という仕事においては向き、不向きといった性格による違いもありますが、概ね、営業に携わる皆さんは「大きな成果と十分な報酬」に魅力を感じて職責を全うしようとしているはずです。

　本書では、より大きな成果を目指す多くの営業パーソンや、成果が上がらずに苦戦している営業パーソンに対して、「営業の楽しさ」、「素晴らしさ」を伝えていきます。

　皆さんは、営業の仕事をしていて「楽しい！」、「ワクワクする」、「遣り甲斐がある」と感じることが出来るのは、どの様な時でしょうか？

熱心に、地道な営業活動を続けた結果、

「大口受注を成約できたとき」
「新規取引先からの受注でマーケット開拓が出来たとき」
「売上が大幅にノルマを超えたとき」

など、営業活動の結果として成功を体験できた時に「楽しさ」や、「遣り甲斐」を感じるはずです。
　間違っても、「大口案件を失注したとき」や、「継続的な取引を打ち切られたとき」など、営業活動における失敗からは「営業の楽しさ」、「ワクワク感」、「遣り甲斐」といったポジティブな思考を得ることは出来ないはずです。
　「営業の楽しさ」、「ワクワク感」、「遣り甲斐」を感じ、継続的にモチベーションをあげるための要素として考えられるのは、「仕事の成果」と「成果に見合う報酬」です。

　本書を読み終わり、ポイントを押さえた営業活動を実践すれば、必ず今より仕事が楽しくなり、「大きな成果」と「成果に見合う報酬」を手にすることが出来るでしょう。

図表 1-1：楽しんでいきましょう

２．お客様からの感謝

「ありがとうございました」
「お世話になりました。これからも宜しくお願いします」

　ビジネスの世界において、商品やサービスを購入したお客様に対してお礼を口頭や書面（手紙、メールなど）でお伝えすることは、ビジネスマナーとして一般的に行われています。
　商品やサービスを購入していただき対価としてお金をいただくのであれば、相手に対してお礼や感謝の言葉を伝えることはビジネスの世界でなくても常識といえます。

　一方で、ビジネスの世界では、
「ありがとうございました。お陰で助かりました。」

「御社にお願いして本当に良かったです。今後とも、末永くお付き合いをお願いします。」

　など、商品やサービスの購入をしていただきお金を支払う側であるお客様や取引先から、営業であるあなたやあなたの上司、会社に対して直接、多大なる感謝の言葉をいただくことがあります。

　あなたが、自社の商品やサービスを提供して売上をあげて会社に収益をもたらす「営業」としての業務を行っただけなのに、取引相手から多大な感謝の言葉をいただく。
　そして、相互に利益を享受して継続的に取引をしてもらえる関係性が出来上がる。そんな感謝の言葉をいただくと、営業として、

「めちゃくちゃ嬉しい！」
「仕事に対する遣り甲斐を感じる」
「取引先に出向いての商談がワクワクする」

　と、気分が高揚するとともに、日々の営業活動においてポジティブな思考や態度となって現れることでしょう。

　私自身、お客様や取引先の担当者などから「感謝の言葉」や「お礼」をいただいたとき、非常に嬉しい気持ちになり、今まで以上に誠意と情熱をもってお客様や取引先様に接しようと思い行動をした経験があります。
　お客様や取引先からいただく「感謝の言葉」は、会社の上司から褒められることや、同僚から実績に対して尊敬を受けることよりも嬉しかったことを覚えています。

　なぜ、営業としてお客様や取引先から「感謝の言葉」、「お礼」を言われると「嬉しく気分が高揚する」、「遣り甲斐を感じる」、「商談がワクワクする」といった気持ちになるのでしょうか？

　それは、ビジネスに携わる「営業」の使命や本質に対して響くからです。

　前項の「営業って楽しい！」でもお伝えしましたが、営業は企業成長を促すため、企業において最も重要な職務です。
　企業における営業としての行動的な「使命」は、継続的に企業を成長させるため売上を上げ続けることですが、営業個人としてお客様や取引先に対する心理的な「使命」を持ち続けることが「感謝の言葉」からポジティブな思考、行動を生み出す重要なポイントになります。

　ここでいう「心理的な使命」とは、営業活動において、

「お客様の問題解決のため有益な情報の提供や、自社の商品・サービスを使うことで効果的
　に問題解決を実現する」
「自社の商品・サービスを購入、使用することで、より豊かな生活を送っていただくための

　　お手伝いをする」

を実践することになります。

　営業の「心理的な使命」は、商品・サービスのような具体的なモノや形、目標やノルマといった数値などで表現できるものではありません。あくまでも、営業に携わる一人一人の内に秘めた思いであり、お客様や取引先に対して貢献したいという心持のことです。
　これを営業の目線で表現すると、「顧客目線」の考えになり、お客様や取引先の目線で表現すると「顧客満足度」ということが出来ます。

　同業のライバル会社の営業や、社内の同僚である営業パーソンに実績で差をつけ、「売れる営業パーソン」になるには、この「心理的な使命」を持ち続け実践することで、お客様や取引先からの営業に対する期待や行動を「いい意味で裏切り」、「想像以上の付加価値」を提供することが必要になります。
　そうすることで、お客様や取引先から信頼をいただき、お褒めの言葉をいただく営業として成果を上げることが出来るようになります。
　営業の仕事とは企業成長のため成果を上げることです。即ち「売れればいい」、「契約になったから OK」という結果重視の考え方も重要ですが、数値的結果とは別の結果を重視することも欠かせません。「お客様や取引先の問題解決をして、より豊かな生活（業務効率）を実現するお手伝いをする」ことで、「嬉しく気分が高揚する」、「遣り甲斐を感じる」といった気持ちになる「感動の営業」を追求していくことがさらに重要なことです。

　企業成長を促す営業として目標、ノルマをこなすだけでなく、お客様や取引先の問題解決を実現する営業となるため、「心理的な使命」を考え、自ら設定してみましょう。

　「心理的な使命」を持ち続け、実践して課題解決に貢献する営業として、現状に満足せず日々進化し続け、そしてたくさんのお客様をしあわせにしていきましょう！

図表 1-2：お客様の笑顔を増やしましょう

02 セールスすることへの罪悪感

1．自社の商品・サービスをとにかく研究

営業として仕事をするうえで、

「マニュアル通りにやっても成果が出ない」
「飛び込み営業がつらい」
「ノルマを達成するのが厳しい」

など、成果を得られないことに対する悩みや気苦労があります。また、思うような成果が得られないことから、

「妙案が見いだせない」
「そもそも、この商品・サービスでは販売が難しい」

と責任転嫁をするようなネガティブな思考と行動に陥っている現状を変えたい、という考えから「営業力強化」の本書を手にしたのではないでしょうか？
　営業として、自身のスキルアップとマインドセットをすることで営業力を強化し、より多くの成果と報酬を手にするための参考にしてください。

　さて、この項では営業業務すなわち「セールス」における心理的要因とマインドセットについて学んでいきます。
　営業での閉塞感や、ネガティブな思考、行動をどのように排除するかを考え、心理的要因の排除とマインドセットによる行動変容に繋げる方法を紹介します。

　私は、営業パーソン育成をするコンサルタントとして、商品・サービスを販売するための実技指導だけではなく、ポジティブに営業活動に取り組むことが出来るようにするため、様々な心理的要因やネガティブな思考、行動を変えるためのコーチングを行っています。
　営業パーソンを育成する指導の中で、「なぜ、思うような実績、成果が上がらないか？」を突き詰めていくと、ある一つの傾向があることがわかりました。
　その傾向とは、実績、成果が思うように上がらない多くの営業パーソンは、本来は積極的に紹介、販売するべき自社の商品・サービスまたは自らのセールスプロモーションについて、明確な理由のない心理的要因である【罪悪感】をもって営業活動をしている方が多くいるということでした。
　「この商品・サービスが、お客様に必要だとは思えない」

「商品・サービスの価値よりも不当に高く販売しているのではないか?」
「今は、必要ない。と断られているので、これ以上勧めるのは失礼」
「他社でも類似商品・サービスを扱っており、自社の優位性を感じられない」

　このような考えを持っているため、「セールストーク」や「接客応対」の態度にも押しの強さが感じられず、購入意思があるお客様や取引先を逃がしてしまっているケースが多くあります。

　皆さんも、商品を購入する目的で訪れた家電量販店などで

「○○いかがですか?」
「新製品の紹介です」

などと、声を掛けられ、

「少し見てから・・・」
「後で聞きます」

など、間を空けるような返答をしたとたん、気弱そうな声で「わかりました」と、姿が見えなくなってしまう販売員の方と出会った経験があるはずです。
　このお客様の返答は、決して販売員の方の接客応対を否定、拒絶したわけではないのです。
　しかし、販売員の方は心理的要因である「罪悪感」を持ちながら接客応対しているため、お客様に対して不要な行為をしていると考えてしまうのです。
　販売員の接客応対は、本当に不要な行為でしょうか?本当に「罪悪感」を感じるような商品・サービス提供をしているのでしょうか?

　心理的要因と何度もいっているとおり、営業パーソンや販売員が抱いている「罪悪感」に繋がるようなものは、自身が販売するべき商品・サービスや、セールスプロモーション自体には全くありません。ほとんどの場合、営業パーソンや販売員の個人的な思い込みにすぎません。

　私が営業パーソン育成のコンサルティングを行うときに、営業パーソンが抱いている「罪悪感」の思い込みを払拭するために、自社の扱っている、または自身が提供するべき商品・サービスについてもっと知ることを指導しています。
　心理的要因である「罪悪感」を持っている営業パーソンや販売員の多くは、成果を上げている営業パーソンと比べると商品・サービスに対する知識が著しく低い傾向があります。
　つまり、自身の提供する商品・サービスの本当の良さを本人が一番理解していないといえます。良さを理解せずに他者へモノを紹介することで、ある種の引け目を感じてしまっているのです。これが、心理的要因である「罪悪感」です。

　では、心理的要因である「罪悪感」を払拭するための有効策として、自身の提供する商品・サービスを「もっと知る」には、どの様にすれば良いかを学んでいきます。

①資料やパンフレットなどを活用し商品・サービスの【メリット】【デメリット】【他社との違い】などをとことん調べる。時間をかけて研究することで商品・サービスを好きになる。
②今まで購入したことのある方になぜ購入したのか？を教えてもらう。

　私が20歳の頃、集合住宅に住まれている方向けに浄水器の営業をしていた時です。
・赤ちゃんのミルクにいい
・ご飯が美味しく炊ける
・ペットボトルのお水を買う費用、手間が省ける
などという説明で販売しておりました。

　あるお客様に、なぜ当社の商品の購入を決めてくれたのか？と聞くと

「飼っているワンちゃんに飲ませてあげたいから」

と言われたことを今も覚えています。
　この様にユーザー様にお話を聞くことで、営業パーソンしか知りえない【ニーズ】があることに気づくことが出来ます。そして、この新たな情報をお客様にお伝えすることが「セールス」の目的となることで、セールスの罪悪感が「ワクワク感」に変わるはずです。

２．買うか買わないかはお客様が決めること

　私は以下のような思いを抱いて日々の営業活動をしているという営業パーソンをたくさんみてきました。

「この商品はお客様が本当に必要としているものなんでしょうか？」
「価格が見合ってないのではないでしょうか？」
「私自身は良い商品と思うが、自分自身で購入するかと言えばどうなんだろう・・・」

　これらの言葉を聞くと、お客様思いの営業パーソンの思考のようにも見えます。しかし、本当にそうでしょうか？営業の世界にいると、
「お客様が商品やサービスを購入するか購入しないかは営業パーソン次第！」
なんて言葉をよく耳にしますが、商品・サービスを最終的に購入するか、しないか決めるのはお客様です。
　みなさんもご存知の通り、自身の販売する商品・サービスをはじめ、この世の中に存在する商品・サービスには、ターゲット購買者の設定が必ずあります。
　例えば、あなたが玩具メーカーに勤務する30代の独身の男性だとします。営業として販売している玩具は、「クマのぬいぐるみ」。ターゲット購買者は、１～５歳までの女の子です。
　この場合、前項で説明した通り「商品の良さを徹底的に知ることが出来ますか？」、「あなた自身、この商品を欲しい」と感じられますか？恐らく、プレゼントなどでは購入意欲がわくかもしれませんが、直接の購買者という意識では「クマのぬいぐるみが欲しい」とは、なりにく

いと思います。30代独身男性の方が何よりも「クマのぬいぐるみ」が欲しいというのは稀だと思います。

　では、30代独身男性が「クマのぬいぐるみ」のターゲット購買者である1～5歳の姪っ子と買い物に来たときも同じ心理、考えでしょうか?

　そうではないはずです。かわいい姪っ子から、

「かわいいクマのぬいぐるみが欲しい!買って～!」

と、おねだりされれば買ってあげることでしょう。そして、営業として商品・サービスのターゲットと真の購買者の違いに気がつくはずです。

　そして、商品・サービスの購入、利用を決定するのは購買者であり、販売する側である営業パーソンが「押し付けるもの」ではありません。

　営業力を上げ、成果実績に結び付けるためには、営業パーソンは自らが取り扱う商品・サービスを徹底的に研究し、知り尽くし、商品・サービスの一番の理解者になる必要があります。
　その上で、ターゲットのお客様に伝えるための「ストーリー」ともいえる売り文句を準備し、提案をすることが効果的になります。

図表1-3:あなたはクマのぬいぐるみが欲しいですか?

03　お客様の種類

1．3つの種類のお客様

　今まで営業という職種の仕事をしてきていろいろなお客様に出会ってきました。そしてこれからもいろんなお客様に出会い、学び勉強させていただきたいな、と思っております。
　さて、営業の世界では大きく分けると３つの種類のお客様がいると言われております。それは、

① どんな営業パーソンからでも購入する
② 営業パーソンによって購入するかどうか決める
③ どんな営業パーソンが対応しても購入してもらうことが難しい

　という３種類ですが、ここで一つの落とし穴があります。

　①のお客様は本当にどんな営業パーソンからでも購入するのでしょうか？もし、営業パーソンが以下のようだったらどうでしょう。

・礼儀もなく
・清潔感もなく
・やる気もなく
・話している内容も分からない

　これでは①のお客様ですら購買意欲をなくしてしまいます。
　残念なことに最初から購入する気満々というお客様を雑に対応したりしてしまう営業パーソンは少なくありません。もちろん気づかずにそのような営業をしている方もたくさんいらっしゃいます。
　では、営業としてどの様に接すれば、①のお客様を確実に取り込むことが出来るのでしょうか？重要なポイントは、接客応対であり、特に話し方を意識すると良いでしょう。話をするときの滑舌やスピード、トーン、抑揚と気にするべきところは沢山ありますが、まずは老若男女どんな方が聞いても聞き取れるよう、

「その商品・サービスを全く知らない素人の方でもわかる言葉で」

ゆっくりと丁寧に話すよう心がけて応対するべきであると思います。

　②のお客様は営業パーソン次第で買う、買わないと結果の変わる方々です。これは、前述で説明したように営業パーソンの接客応対や、商品・サービスの情報をお客様のニーズに合った形で説明、提案することで購買意欲を掻き立てられるかで決まります。その様な営業が上手くいくと、お客様から、

「あなただから購入することを決めた！」

と、営業パーソンに対する最高の誉め言葉とともに売上に繋げることが出来ます。

　③の方々は、営業パーソンがどれだけ頑張って応対したり、商品・サービスの情報をお客様のニーズに合った形で説明、提案したりしても、購買の意思を持たない、または購買意欲を掻き立てられない人たちです。
　こういう方々に対して、営業パーソンはどの様に応対すれば良いでしょうか？

　諦めずに相手が翻意するまで、しつこく粘り強く喰らいつきますか？
　無駄な労力をかける必要はないと、早く見切りをつけて諦めますか？

　どちらの対応をしても間違いではないでしょう。しかしながら、購入をしないというお客さまの意思を覆すことも難しいでしょう。
　では、このような場合どう対処すればいいか？私が営業パーソンに対してコーチングする際に、購入をされないお客様からは「情報収集」に徹することを伝えています。

　購入意思がないお客様からどの様な情報を得るのがよいでしょうか？

　そもそも購入意思のない方に対して無理に営業をしても成果は期待できません。しかし、将来的に購入意思を持ち、①や②のタイプのお客様になる可能性はあります。その時に「あなた」という営業パーソンから購入したいと思ってもらえるように、共感、同調を得られるように情報収集をするのです。情報収集の内容としては、

・年代や家族構成
・趣味や興味のあるモノ
・商品についての意見

といった一般的な情報だけでも良いですし、もう少し踏み込んで、

「最近、身近で起こったことや、個人的な困りごと」

など、雑談のように様々な角度で情報を得ることです。この様な情報を得ることで、あなたのセールスする商品・サービスは購入しなくても、他部門の商品・サービスを購入するかもしれません。そのようなニーズの掘り起こしに繋がる可能性もあります。

　「個人的な困りごと」などは、あなたの上司、同僚、友人や知人が、解決したり、相談に乗ったりすることが出来るかもしれません。

　この様に、購買意思のないお客様に対して、しっかりと情報収集をすることで間接的にビジネスの輪を広げる活動や、お客様の情報に共感、同調をすることで将来の見込み客とすることが出来ます。

　営業力を強化するとは、お客様の購買意欲を掻き立て商品・サービスを押し売りの如く販売することではなく、恒常的、継続的に売上を確保できる環境を作ることです。

　「今は」購入する意思のないお客様は、「将来」積極的に購入していただけるお客様になる可能性は十分にあります。そして、将来の見込み客を育てることが営業力の強化にもつながることを理解して、お客様からの情報収集を強化していきましょう。

図表 1-4：情報収集も大切です

２．日和見を味方につける

　一般の営業パーソンとトップセールスパーソンの違いは、②の「営業パーソン次第で買う、買わないと結果の変わる方々」のお客様を獲得できるか否かで決まってきます。

　「あなただから契約を決めた！」

　そんなお客様をいかに増やしていくかが鍵となってきます。そして、営業パーソンの応対により購入の意思が変わる傾向のお客様を「日和見」と称しています。

　日和見とは、「物事の成り行きを見て有利な方につこうとする」ことです。

この場合、お客様からも信頼されている優秀な営業パーソンから接客応対を受ければ、商品・サービスの購入をしようと考える人たちのことです。

　人は得てして、「同じ値段で購入するなら、優秀な（信頼のできる）営業パーソンから商品・サービスを購入したい」と考えます。

　本書を手にした皆さんの中にも同様に考える方も多いのではないでしょうか？

　この様なケースは、日常的に無意識のうちに行っていることがあります。例をあげると、買い物に訪れるコンビニエンスストアや、スーパーマーケットなどで商品を購入する会計のときには、てきぱきとお客様を捌いているレジを選んでいると思います。もしくは、活発な雰囲気でお客様に丁寧に接している販売員の手が空くのを待っていたりしていると思います。

　これらの行動は、全て「営業パーソン（担当者）次第で購入意思が変わる」お客様のパターンともいえます。

　日和見のお客様の行動パターンから見えてくるものは、「優秀な営業パーソンと認めれば、その人から購入を継続する」ということです。

　営業の世界でよく言われる「さしみ（３４３）の法則」というものがあります。

①の方「どんな営業パーソンからでも購入する」　　３割
②の方「営業パーソンによって購入を決定する」　　４割
③の方「どんな営業パーソンが対応しても買わない」３割

　この「さしみ（３４３）の法則」から考えると、「全体の40%を占める」日和見の方々を顧客として取り込むことで、営業力を強化することが可能になります。
　その為には、「優秀な営業パーソン」といわれる方々の多くが重要視している鉄則として老若男女どんな方が聞いても聞き取れるよう、

「その商品・サービスを全く知らない素人の方でもわかる言葉で」

　ゆっくりと丁寧に話すよう心がけた応対をして、お客様から共感を得ることで情報収集を行いながら営業パーソンによって意思決定をする日和見のお客様を見込み客に変え、その数を増やすことが優秀な営業パーソンとなる近道といえます。
　見込み客が多ければ、その営業パーソンの周りには常にお客様が集まるようになります。日和見のお客様は、多くのお客様に応対しているあなたを「優秀な営業パーソン」と認めてくれることでしょう。

図表 1-5：一人一人のお客様を大切に

第 2 章

事前準備

01　段取り八分

1．ストーリーの準備

（1）段取り八分、仕事二分

　ビジネスの世界では、段取り八分、仕事二分といわれています。これは、仕事において確実に成果を上げるための基本的な考え方です。どの様な仕事でも、実際に着手する前に、事前の下調べや準備をしっかりやっておけば、仕事の８割は終わったという意味です。

　では、「営業パーソンはどんな段取り」をしたら良いのでしょうか。

　ここで、非常に重要なのが「ストーリーを準備する」ということです。

（2）ストーリーを準備する

　「ストーリーを準備する」とは、文字通り営業としてお客様に対する接客応対の物語を準備するということです。

●商品・サービスについて

　「どの様な経緯で作られた商品または、サービスなのか？」
　「今までの商品・サービスと比較して何が違うのか？」
　「その商品・サービスを利用しているお客様の評価、反応はどうだったのか？」
　「この商品・サービスのお値打ち（お得）情報はなにか？」

●営業パーソン自身について

　「売れている（成績優秀な）営業パーソンか？」
　「今までのお客様と、どんな関係を築いているのか？」
　「仕事に誇りを持てているのか？」
　「新規のお客様への応対はワクワクするだろうか？」
　「見込み客や、一見（日和見）のお客様の応対は好きか？」
　「どんな家族構成であるか？」

この様な視点、内容でストーリー（物語）の台本を考え、接客応対のシチュエーションを想像

しながら具体的に作り上げていきます。もちろん、これらの要素すべてを使ってストーリー（物語）を作り上げ、お客様の前で演じるという意味ではありません。

　大事なことは、これらの要素を使って、接客応対の中で出てきそうなシチュエーションや、お客様の言動、心理を予測したストーリーを準備して、どの様な時にきりだすのかを明確にすることです。

　ストーリーに伴った発言、行動が出来るようにしなければ、お客様には営業パーソンの熱意と態度に対して違和感が生まれます。

（3）ストーリーと発言、態度に対する違和感

　営業パーソンの伝えるストーリーと接客応対の発言、態度にズレがあると、お客様に違和感を与えてしまいます。例えばこんなケースです。

　　「皆さん買われていますよ！」
　　「お値打ち価格で大好評です！」

と、話す営業パーソンから、あれこれと間髪入れずにマシンガントークの営業応対で、必死に売り込みされたら、

　　「本当にみんな買っているの？」
　　「適当なこと言って売り付けようとしている」

と、お客様は思いませんか？また、営業パーソンが満面の笑みで、

　　「今日もご契約いただくの３件目ですよ！」

と、言いながら契約書の手配や作成時にアタフタして手際が悪く、何度もやり直をしていたらどう思いますか？この様な応対をされたとき、

　　「この営業パーソンで大丈夫？」
　　「この人から買って損しない？」

と、お客様に違和感や不安を抱かせることになります。

　営業パーソンが、お客様に対して「理想の営業パーソン像」になりきったり、「オーバーに振る舞ったりする」ことは悪いことではないです。そして、お客様に違和感や不安を抱かせずに、「売上を上げる」、「成果に結びつける」には、その「ストーリー」に合った発言、行動、態度をあなた自身で準備してください。

　その様な準備が整えば、あなた自身が作り上げた「優秀な営業パーソン」となるためのストーリーや、お客様を引き付ける発言や態度が理想から現実になっていきます。

　営業力を強化するには、「段取り八分」の営業パーソンとして魅せる準備が必要であることを覚えておきましょう。

図表 2-1：オーバーに振る舞うことも程々に

２．お客様の情報収集

（1）ストーリーの次は情報収集

　段取り八分でシチュエーションに合わせた接客応対とストーリーが準備できたら、次にするのは「お客様の情報収集」です。

　業界、業種または、販売する商品・サービスによって、もしくは、企業の営業活動の方法や仕組みによって、顧客情報管理などからお客様の情報を事前に準備できる場合と、飛び込み営業などの新規顧客開拓などが中心で事前準備ができない場合の営業パーソンがいます。
　事前にお客様の情報を準備できる場合、営業パーソンはある程度マニュアル化され、上司、先輩から代々引き継いできた虎の巻のようなものでお客様に応対することが出来るはずです。一方で、事前にお客様の情報準備が出来ない場合、何かの秘訣がないと十分な成果を上げるため情報収集に膨大な時間をかける必要があります。

　これでは、思うような成果を上げることが出来ませんので、今回は準備ができないと思われがちな、「初めてのお客様に行う情報収集」についてお話ししていこうと思います。

　さて、「初めて会う人の情報収集をその場で行う」そんなことはできるのでしょうか？答えは、

　「もちろん、できます。」

　正確には、初めて会う人に対する情報を推測することで「傾向と対策」を持つことができます。つまり、初めて会う人が「どの様な考え方をするのか？」、「そんなことに興味を示すのか？」を推測し、見分けていくことで、どう応対して営業をすれば良いか、そして、どこでクロージ

ングを掛ければ成約に結びつくか、を知ることが出来るようになります。

（２）物事にありがちな傾向と有効な対策

　初めて会う人に対する「傾向と対策」を持つことを出来るようにするには、様々な前提条件ともいえる事前情報をもとに考える必要があります。

　例えば、学生時代の受験や定期テストを思いだしてください。普段は得意な教科でも突然、問題を出されると間違えてしまうことがあったと思います。そんな時に、取りこぼさないよう事前の授業や、受験対策で、先生がどういった意図でテストを作成するのか？なぜ、この問題が出るのか？など、色々な前提条件や事前情報から出題の傾向を想像しテスト勉強という対策をしたはずです。これは、テストで良い点をとるという目標が明確だからです。

　営業パーソンの「初めて会う人に対する傾向と対策」も同じようなことがいえます。つまり、自分の商品・サービスを売るという明確な目標に対して、様々なお客様のパターンから前提条件を集約し、パターンごとにどの様に応対するかを推測することが「傾向と対策」です。

　商品・サービスを販売するときに最初に推測するのは、

　「あなたのターゲットはどんな方ですか？」

と、マーケットにいる具体的な顧客層を絞り込みます。その際に用いられる例として挙げられるのは、

- ・性別　　－　　男性ですか？女性ですか？
- ・結婚　　－　　独身者ですか？既婚者ですか？
- ・同居　　－　　独身であれば単身ですか？
- ・家族　　－　　既婚であれば何人家族ですか？
- ・動物　　－　　ペットを飼っていますか？飼っていないですか？
- ・出身　　－　　地元の人ですか？他県の出身者ですか？

　この項目の前提条件をもとに、商品・サービスを販売するときに出会うお客様に多い傾向や、ターゲットとなるお客様の層を明確にしてください。そして、成約に結び付く応対をするための情報収集をしていきます。

　私は今までいくつかの商材を販売してきましたが、その中で、初めて会うお客様に応対するビジネスの典型ともいえる「個人住宅へオール電化の提案営業」をしていた頃の王道のパターン例えば、以下のようなお客様へ営業する場合です。

- ・奥様にアポイントを取り、商談は旦那様奥様お揃い
- ・お子様２人（１０歳未満）４人家族
- ・仕事は製造業

・旦那様も奥様も 30 代前半、築 5 年未満
・旦那様は仕事で愛知県に来ている九州出身者
・土日休み

この事前情報に対して応対するための「傾向と対策」をしました。

・奥様にアポイントを取り、商談は旦那様奥様お揃いの状況では、女性の意見が成約の成否を左右する傾向があります。この場合の対策として考えることは次の点になります。
　女性の方に警戒されない話し方とは？
　旦那様に対する営業のフォロー役にするための話し方とは？

・お子様 2 人（10 歳未満）4 人家族の場合、子供の話題で場を和ませることで商談をスムーズに進められる傾向があります。この場合には、対策として次のように子供の話題について情報収集をします。
　子供が好むものとは？
　人気のアニメは？
　最近の学校、学区での話題は？

・仕事は製造業という情報に対して、対策として製造業にまつわる話題を用意します。
　他の製造業の方から聞いた話（例えば、製造業あるある）

・旦那様も奥様も 30 代前半、築 5 年未満の戸建という夫婦は、オール電化のリフォームを断る傾向があるというデータに対して、次のような対策を考えます。
　築年数が新しい戸建に住むご家庭の断り理由で多いものは？
　同じような方で契約された方の感想、評価

・旦那様は仕事で愛知県に来ている九州出身者の場合、地元愛が強いという傾向があります。その対策として、次の様な情報収集をします。
　九州全県の情報をくまなく勉強（他県の情報も調査）
　知人、友人の愛知県に来た方の理由を情報収集

それぞれの項目（傾向）に対して、いくつかの回答（対策）を準備することで、成約に結び付く確率が高くなります。また、見込みがない場合も、早めに判断を下すことが出来るので「粘って交渉（しつこい勧誘）」をすることなく、お客様に有益な情報提供もしくは、良好な関係性を保つことが出来るため、次回に繋げやすくなります。
　例をあげると、こんな感じになります。

・築 5 年未満の戸建で断る理由
　「ローンがあるので資金的な余裕がない」

　この場合、資金の事情ですので、成約を取るのは絶望的になるかもしれません。ひょっとしたら、「オール電化にするとお得なので将来の資金不安はなくなります」とか、「趣味や贅沢（無駄遣い）を少し控えて、初期投資に回すと5年後、10年後には、こんなお得になります」など、お客様の言葉、反応を否定するような対策をしていませんか？

　そういった販売マニュアルが多いのも事実ですが、誰しも、考えや意見を否定されたうえで営業パーソンの考えを押し付けられたら不快に感じるものです。

　こういったケースでの対策としては、

　「ローンがあるから資金的な余裕はない」
という言葉に対して、
　「そうですね。築5年だとローンも結構大変ですよね」

と、一旦受け入れます。そのうえで、話題を変え、

　「お子様は、習いごとや塾などに行っていますか？」
　「奥様もお仕事はされていますか？」

と、伺います。その会話の中から、提案するタイミングをはかり「同じようなご家庭で契約に結び付いた事例」をお伝えします。

　この様に、事前情報をもとにそれぞれ応対するときの対策を事前に用意することで、好感を持ってもらい、成約に繋がる関係性を作り上げることが出来るようになります。

　このように初めて会うお客様から成約に結び付けていくには、情報収集をするための事前準備がとても重要になります。

図表 2-2：どんなきっかけで話が盛り上がるかはわかりません

02　コミュニケーション

1．雑談は雑談

（1）話の切り口としての雑談

　営業パーソンとして、お客様とコミュニケーションをとる際に、話の切り口としての雑談は緊張感を和らげるために有効な手段です。
　例えば、春先に急に気温が高くなったときや、残暑が厳しい秋口などには、

　　自分　「今日も暑いですね！」
　　お客様「そうだね〜。急に暑くなるから体調管理が大変だよ」
　　自分　「そうなんですね。体調管理は普段どんなことに気を付けていますか？」

と、会話を繋げるなかでお客様の「体調管理」に関する情報収集をすることもできます。
　営業パーソンにとって、雑談とは単なる会話ではなく成約に繋げたり、関係性を深めたりするための切り口となる重要なコミュニケーションです。
　この様な緊張感をほぐす会話、雑談の事を「アイスブレーク」とも言います。
　有益なアイスブレークとしての雑談になるのか、単なる雑談になるかによって、成約の見込みは大きく変わってきます。

　お客様との会話の切り口としての「雑談」によるコミュニケーションを考えましょう。

（2）アイスブレークの雑談と単なる雑談

　今まで、営業パーソン育成のコンサルティングをしてきて、なかなか成果に結びついていない営業パーソンに、

　　「お客様との関係性は良好ですか？」

と質問をします。ほとんどの場合、営業パーソンから、

　　「お客様とコミュニケーションが取れている」
　　「２時間も立ち話をして盛り上がった」

など、概ね前向きな答えが返ってきます。しかしながら、目標に対して十分な契約に至ること

が少なく、ビジネスにおけるコミュニケーションが取れた良好な関係とは言い難いケースが多く見受けられます。

　この様な営業パーソンに対して、営業同行によるアドバイスをすることが多くあります。その時に見受けられるパターンの一つに、お客様と
　「たわいもない雑談を長時間しているだけ」
ということが多くあります。もちろん、懇意にして頂いているお客様と雑談をすることが悪いというわけではありません。そして、お客様とのたわいもない雑談（お互いの趣味、嗜好など）は共通の話題や、関係性がある場合も多く、人付き合いの面では、良好な関係性を築いているといえます。
　一方で、趣味、嗜好が近い関係にあることから、相手に対して深く追求したり、質問したりしなくても、何となく理解できていると思ってしまうことが良くあります。そのため、お互いに一歩踏み込んだ会話や話題に繋がらず（または、広がらず）、雑談から商談、成約に結び付くきっかけを作ることが出来ないともいえます。

　この様な場合、雑談で使う時間の長さよりも、質を変えてみることで対処する方法をアドバイスしています。
　例えば、野球が共通の話題である場合、

営業パーソン	「昨日、○○チーム勝ちましたね」
お客様	「今年は、優勝狙えそうだね」
営業パーソン	「そうですね。ところで、○○さんのお子さんは、野球をされてるのですか?」
お客様	「少年野球で頑張ってるよ」
営業パーソン	「そうですか。少年野球って、休日とか応援に行ったりして忙しいですよね。疲れて帰ってきたら、すぐにお風呂に入りたいですね」
お客様	「そうだね。でも、お風呂沸かすの時間かかるんだよね〜」
営業パーソン	「えー、そうなんですか。ウチは、オール電化でスマホ連動しているから外出先から時間設定で給湯できるんですよ!便利でしょう」
お客様	「それはすごい。チョット、詳しく教えてもらえる?」

　という感じで色々な情報を織り交ぜ、質問の内容を仕事に結び付く様に誘導することが、雑談の質を変えることになります。

　「アイスブレーク」の雑談とは、お互いの緊張感をほぐすことだけが目的ではなく、「今から仕事の話をします」が、その前に、「軽く緊張をほぐして話始めるきっかけづくりしますのでご用意お願いします」という意味合いを持った前振りともいえます。
　単なる雑談ではなく、営業パーソンが成果を上げるためのきっかけとなる「アイスブレーク」を効果的に取り入れることで、お客様との雑談が商談へ変わり成約という成果の上がるコミュニケーションになります。

図表2-3：あなたは何を話していますか？

２．お客様と短時間で距離を縮める方法は〇〇

（１）最短で親友になる

　営業パーソンとして成果を上げる、つまり、営業力を強化するには、お客様との距離感ともいえる親近感、親密感をどのように築くか、また、どれくらいの時間で実現するか？が重要なポイントとなります。この、親近感、親密感はビジネスの場では、信用と信頼と言い換えることも出来ます。

　私が、コンサルティングで指導を行ってきた営業手法の一つに「即決営業」とよばれる手法があります。これは、商品・サービスの提案を聞いてもらい、その日、その時に、買うか、買わないかを決めてもらう。お客様に、即断即決をして購入、契約を決めていただく様に促していく対面での営業手法です。

　そのために、30分〜1時間程度の限られた時間の中で、お客様と親友のように親しく（仲良く）なり、一定レベル以上の信用を得る必要がありました。

　その重要な要素である「親しさ」、「信用を得る」ためには、コミュニケーションでいかに相手と自分の過去の経験に共通するものがあるかを探り、会話を掘り下げて自身の話題、提案に引き込むことが必要不可欠です。そして、そこから見出した互いの共通項のなかで、相手の言動や経験に共感、同調をすることが親近感をより強めることに繋がります。

（２）相手に共感

　相手との親近感を強めること、すなわち共感するとは、過去の経験や知識など自身の持つ知見と相手との知見が類似または近似の事について考えたときに、その考え方に同調することをいいます。

　アイスブレークの雑談と単なる雑談を例にして考えてみましょう。
　アイスブレークの雑談として共感、同調をする場合の会話は、

お客様　　　「今日も暑いですね。体調管理が大変ですね」
営業パーソン「そうですね。暑くて対策をしないと、熱中症になりそうですよ！」

と、なります。
　お客様の気温に対する体調の心配事に対して、暑い日には熱中症に注意が必要になると共感し会話の方向を同調させています。一方で、単なる雑談の場合には、

お客様　　　「今日も暑いですね。体調管理が大変ですね」
営業パーソン「そうですか？昨日の方が暑くて、熱中症予防に涼んでました」

となります。決して、悪意を持った会話ではないのですが、共感し、同調するのではなく相手の発言に対する否定をしてしまっています。
　意図的ではないにせよ、これでは相手を不愉快にしてしまうだけです。
円滑なコミュニケーションを図り、親近感を強めて良好な関係と成約を目指すのであれば、より会話の弾む共感と同調を意識しましょう。

（3）何に共感するべきか

　どの様な話題や内容でも、相手の会話に共感することで話が弾むとともに会話、商談などの雰囲気はほぐれてお互いに打ち解けやすくなります。
　とはいえ、それだけの事で30分〜1時間の時間で親友のような間柄になり、「即断即決」をしてくれる上質なお客様に変えるのは難しいといえます。

　そのためには、会話の内容だけではなく、相手の心情に共感、同調することが重要になってきます。相手の心情に共感、同調するためのキーワードは、雑談の中では、なかなか現れてきません。相手の心情に共感するには、相手の心の言葉（腹のうち）を探ることも必要です。会話の中に、こんなワードを交えることで本音を伺い知ることが出来ます。

　　「大切なものはなんですか？」
　　「ご家族の反応（対応）は？」
　　「これからの生き方（考え）は？」

などです。いきなり言うと不審がられますので、会話の中にうまく織り込んで伝えることが出来るよう、日ごろから自然な話のつなぎ方を練習すると良いでしょう。
例えば次のような会話を想定してみてください。

　　営業パーソン　　「息子さん、野球を頑張っておられるんですね」
　　お客様　　　　　「そうなんですよ。だけど、なかなか上手くならなくてね〜」
　　営業パーソン　　「何かアドバイスされているのですか？」
　　お客様　　　　　「いえ、アドバイスなんてないんだけど、コツコツ努力しろとは言ってます」

営業パーソン	「コツコツと努力することは大切ですね」
お客様	「真面目に努力することが一番大切ですよ」
営業パーソン	「何事もコツコツと着実に進めることが大事ですね。電気代の削減もコツコツやりませんか？」

　あなたがお客様の立場であれば、単なる営業パーソンが「あなたの人生観」や「夢」に共感してくれて応援をする意思表示をしてくれる人がいたら嬉しいはずです。そして、営業としての会話の中でさりげなく、共感や同調をするような話題に触れることで親近感がわき、お互いの距離感はグッと近づくはずです。

　ビジネスにおいて良好な関係性を短時間で作り出すには、相手と多くの共通点をたくさん見つけ、共感をし、相手の考えや行動に同調をすることが近道といえます。

3．コミュニケーションは知識量

（1）コミュニケーションにセンスは必要？

　よく、営業における会話力、提案力の事をコミュニケーション能力といいます。そして、その能力について「コミュニケーションの得意、不得意はセンスだ！」とか、人それぞれの個性、能力に違いがあるように「コミュニケーションを円滑に行うには、向き不向きがある！」などと言う方がいますが、私はそうは思いません。

　なぜなら、コミュニケーションのベースとなるのは「会話」ですので、何かしらの問題を抱えていない限り、相手との「会話」は必ず成立するはずだからです。

　では、なぜ「あの人はコミュニケーション能力が高い」などと人を評価するのでしょうか？それは、コミュニケーションを円滑にするための知識量に違いがあるからです。ですから、コミュニケーション能力は、知識量が増えるに従い高めることが出来ます。そして、コミュニケーションは、いつからでも上達します。

　私自身、人見知りで学生時代には限られた人としか話ができませんでした。当時は、決してコミュニケーション能力が高いわけではありませんでした。

　しかし、営業の世界に飛び込んで以来、様々な知識を増やしたことで「コミュニケーション能力」が高まり、いつしかトップセールスパーソンになることが出来ました。

　　「コミュニケーション能力とは、コミュニケーションを円滑にするための知識量によって高めることが出来る」

　お客様とのコミュニケーションが苦手、自分は営業として不向きだ、というコミュニケーションに悩んでいる営業パーソンを 100 名以上教育してきた経験からお伝えしているので、間違いありません。

（2）どんな知識をつけたらいいの？

　コミュニケーション能力は知識量によって変わることをお伝えしましたが、どの様な知識を身につけると良いのでしょうか？一言で言えば、どの様な会話にでも対応できる知識、つまり、自分が知らないことや、興味を持ったことであれば何でも大丈夫です。

　例えば、営業パーソン同士の会話でよく出てくる話題から考えると、次のようなものがあります。

・スポーツ
　サッカー、野球、テニス、卓球、体操、相撲、ゴルフ、水泳など

・芸能
　ドラマ、バラエティ、映画、舞台、ミュージシャン、アニメ

・地域
　周辺都道府県全域（可能な範囲まで知識を増やす）

・業種別情報
　様々な業種の仕事の情報

・政治
　過去、現在

　数え上げ始めるとキリがありませんが、どんな話にでも対応できる知識があれば怖いもの知らずです。

　様々な知識量を増やすことで、コミュニケーションに自信が持てるようになります。
　全ての営業パーソンが完璧な知識を持っているわけではありません。誰しも苦手なジャンル、知らない分野はあります。

　まずはご自身が興味の持てる分野から勉強してみるといいでしょう。

（3）知識の増やし方

　コミュニケーション能力を高めるための、知識の増やし方はいろいろあります。

　本を読むのもお勧めですし、その分野に詳しい方と話すのもいいでしょう。
　今の時代はＳＮＳなどを活用すればその分野に詳しい方々と簡単に繋がれます。
　どの様な方法を使っても知識を増やすことに間違いはありません。様々な方法を駆使してレベルアップしていってください。

　様々な情報をもとに自分の意見を加え相手の感想を聞くことを心掛けながら、他者との交流をすると面白いように話ができるようになっていきます。

図表 2-4：知識を増やしましょう

第 3 章

商談

01　アポイント獲得

１．３秒で決まる

　人の印象は３秒で決まると言われています。

　これは、人と会った時の第一印象が非常に大きな意味合いを持つということです。このことは、就職活動の面接営業パーソンの初期研修などで、相手と接する機会で成功を収めるために「見た目」を意識することを繰り返し学んできたはずです。

　有名なアメリカの心理学者アルバート・メラビアンが提唱した「メラビアンの法則」によると、人の第一印象を決める割合は

　・視覚情報（見た目）・・・55%
　・聴覚情報（声・話し方）・・・38%
　・言語情報（話の内容）・・・7%

　といわれています。つまり、他人から見たあなたの第一印象は、「見た目」と「話し方」で90%以上が決まってしまうのです。

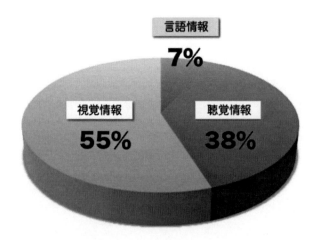

図表3-1：メラビアンの法則

商談の第一歩として、営業パーソンが細心の注意を払うことは、まず「見た目」です。

服装や身だしなみはもちろんターゲットに合わせた対応、男性でしたらヒゲの処理、女性でしたら自然なメイクも必要なことが多くなるでしょう。商談の相手を意識するだけではなく、季節、気候そして時間帯などにも配慮した「見た目」を意識することで自分にとっての印象を大きく変えることが出来ます。

初対面で名刺交換の仕方やお辞儀の仕方、扉の開け閉め、言葉遣いなど礼儀礼節ひとつひとつを丁寧に行うことも相手との良好な関係性を築き、商談を円滑に進めるためには重要なことです。

2．断りの本当の理由

営業をしていると、どんなに誠意を尽くして応対しても断られることがあります。

業界業種や、営業手法によって断られる頻度に違いはありますが、B to C 取引で新規開拓をする場合は、ほとんど断られるということも珍しくはありません。そして、断られる理由も様々です。

この項では、営業が断られる理由について掘り下げていきます。皆さんは、営業が断られる理由が何かを考えたことがあるでしょうか？断りの理由として、

・今は、必要がないから
・商品・サービスが信用できない
・営業パーソンの対応が信用できない
・誰かに購入または、利用を相談したい

など、いろいろ出てきます。お客様が断る本当の理由を理解することは困難かもしれません。また、お客様ごとに断りの理由を細かく詮索しても、教えて頂けるわけではないので正解を求めるようなこともしません。しかし、営業のコンサルティングをしてきた私の経験上では、「断られる理由」の一番多いものとして考えられるのが、

「商品・サービスの説明、内容がわからない」

というものです。つまり、営業パーソンがお客様に対して一生懸命に自社の商品・サービスを説明しても伝わっていないために、断られているのです。

図表 3-2：説明がわからない

　営業パーソンが必死になって商品・サービスの説明をしても、その内容が相手に伝わっていなくて断られるのは、非常にもったいないことだと思います。なぜなら、相手に自分の伝えたいことが正しく伝わっていないからです。相手に正しく伝わり、一部始終を理解してもらった上で、「必要がない」、「今は購入をしない」と、断られるなら営業パーソンとしても理由が明確なため、「仕方が無い」と、あきらめもつきます。

　では、営業パーソンが必死になって商品・サービスの説明をしても、なぜ話が伝わらない、理解してもらえないのかを考えてみましょう。

　「説明が下手だからでしょうか？」
　「商品・サービスのことを十分に知らないからでしょうか？」

　営業パーソンとして、自社の商品・サービスを販売するにあたり、商品の勉強会や、セールスのロールプレイなどで十分なトレーニングを積んでいるので「知らない」や、「下手」ってことはないと思います。相手にうまく伝わらない、理解してもらえないのは、営業パーソンのスキル（能力）や、知識の不足が原因ではありません。スキルや知識を活かしてお客様へ伝える方法が、間違っていることによって断られるという事象が起こっているのです。

　取引先やお客様に対して、自身の営業トークをうまく伝えるための方法は、いくつかの方法があります。

　この章では、代表的な伝え方の方法について解説していきます。

3．一度の話で内容を伝えるには

営業として、相手に話をうまく伝えるにはどうすればいいか？

その方法の一つとして、「丁寧に誰にでもわかる伝え方」で、相手に説明をすることがあげられます。「そんなことは当たり前。営業パーソンとして当然、実践している」と言われる方も多いと思います。しかし、この「丁寧に誰にでもわかる伝え方」には意外な盲点があることをご存知でしょうか？

例えば、B to C 取引で個人宅などに訪問営業をしていると、何度もこんな経験をすることがあると思います。

図表 3-3：こんな場面からの経験はありませんか？

営業パーソン	「こちらを導入いただくと光熱費の削減につながるんです！」
お客様	「そうなんですね。土曜の朝だったら旦那もいるからその時に詳しく聞かせて！」
営業パーソン	「かしこまりました。それでは土曜日の朝１０時にお邪魔します！」
お客様	「結局、何を導入すると、どんな効果があるの？」
営業パーソン	「(さっき言ったはずなんだけどな・・・)」

この様なケースの場合、二つの理由が考えられます。
一つは、営業パーソンのペースで話をすすめ、限られた時間で色々な情報を提供するため早口で、抑揚のない伝え方になっていると考えられます。この場合、話し方、伝え方を変えることで解消することが出来るでしょう。

話し方、伝え方を変える方法とは「ゆっくりと、区切って話す」ということです。
人はだれしも、自分の知識にないことや、関心の低いことに対して集中力が下がる傾向にあります。そのため、相手の理解力を深めるために「ゆっくりと、段落ごとに区切って伝える」必要

があります。

　皆さんも、こんな経験ないですか？

「法律の専門家や、役所の方達が、当たり前のように話している単語や、言葉が理解できない」

図表 3-4：なぜでしょう？

　仕事上や、プライベートの事で必要に応じて相談、依頼に行った専門家や、役所で応対されたとき、普段は使わない言葉や、聞き慣れない単語を交えて説明されると、知らないことだけではなく会話の内容すべてが理解できないということです。
　そんな時に決まって言うのが「なんだか、よく解らなかったけど、専門家が言うのだから・・・」、「まあ、専門家に任せてあるので大丈夫だろう」という、理解できなかったことに対する言い訳のような会話です。特に、専門用語や、特別な用語、造語などを交えて普段と同じように話をされると「わからない」と相手に対して言うタイミングを逃してしまい、そのまま最後まで話が進んでしまうのです。
　これが、伝わらない一つ目の理由です。
　お客様にとって、私たち営業パーソンはその道の専門家であり、普段使っている単語や慣れてしまっているスピードで話すとお客様には伝わらないことが多いのです。

　「ゆっくりと、区切って話す」
　「誰にでも理解できる単語、用語で説明する」

を分かり易くイメージすると「日本語が片言しか話せない外国人の方に、道を教えるときの感じ」です。
　この場合、皆さんは、いつもみたいに早口で難しい単語で説明しますか？そうではないはずです。恐らく、不慣れな外国で困らないように、はっきりと解るように「できるだけゆっくりと、分かりやすい単語、表現」で話しますよね？
　ゆっくり丁寧に区切って話すことで、普段より必ず話が伝わります。その結果として、アポイント、成約の数も増えてくるでしょう。

図表 3-5：外国人の方に道を教えるときの感じで

　相手に伝わらないもう一つの理由は、「一度きり」ということです。しかし、相手に伝えたい大切な情報は、復唱をすることで印象に残ります。

　人は、必ず忘れる生き物であるということを認識する必要があります。また、このことを表現するときによく使われるのが「エビングハウスの忘却曲線」です。

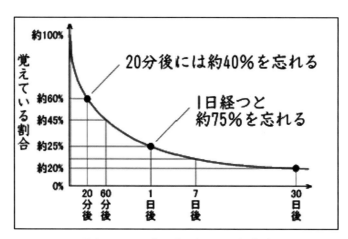

図表 3-6：エビングハウスの忘却曲線

　図が示す通り、人は聞いた話を 20 分後には 40%、1 時間後には 55% を忘れるということです。つまり、どの様なコミュニケーション能力が高い営業パーソンでも、商談の冒頭で自分の伝えた話や大切な情報が、商談の終わる 1 時間後には忘れ去られている可能性が非常に高いということを理解する必要があります。

お客様	「結局、導入するとどんな効果があるの？」
営業パーソン	「(さっき言ったはずなんだけどな・・・)」

　こんな会話が起こらないようにするには、大切な情報や提案を繰り返し伝えることです。繰り返し伝えるための復唱のタイミングは、相手との会話の中の何時でも大丈夫ですが、できれば相手にも声に出して言っていただくとより強く印象付けることが出来るでしょう。

02　ヒアリング

１．２種類の質問の使い分け

　コミュニケーション能力の一つとして、「ヒアリング」があります。これは、お客様との会話の中から情報などを正確に把握したり、ニーズ（要望）を引き出したりするのに重要な要素です。

　商談を成約に近づけるために、ヒアリングは欠かすことが出来ません。また、ヒアリングにおいて最も重要なことは情報やニーズを聞き出すための質問です。
　質問の仕方には、大きく分けて二つあります。
　ひとつは、クローズドクエスチョンとよばれるもので「はい（Yes）」、「いいえ（No）」で答えられる質問をすることです。もうひとつが、オープンクエスチョンとよばれる質問の方法で、質問の答えを文章や単語などで答えていただく質問のことです。

■　クローズドクエスチョンの例

営業パーソン	「ご主人とお揃いの時に、お話しを聞いていただけますか？」
お客様	「はい」

営業パーソン	「今日は、ご主人様はお見えになりますか？」
お客様	「いいえ」

　といったような質問と応答になります。どちらの質問も、答えを「はい」、「いいえ」に限定するような内容になっています。

　商談などで成約に導く手法の一つに、クローズドクエスチョンを使いお客様に多くの「はい」を言ってもらう事で、肯定的なイメージを植え付けるという手法があります。「はい」を繰り返

すことで「いいえ」を言いづらくするという心理的効果を狙う一面もあります。

図表 3-7 : クローズドクエスチョン

■ オープンクエスチョンの例

営業パーソン「ご主人は、いつならご都合が良いと言われてましたか?」
お客様　　　「今週の土曜日か、日曜日の午前中なら在宅しているそうです。」

営業パーソン「ご主人は、電気料金が○○円下がったら浮いたお金を何に使われますか?」
お客様　　　「そうですね。家族で毎月日帰り旅行でもしようかな〜」

図表 3-8 : オープンクエスチョン

　といったような質問と応答になります。どちらの質問も、相手に明確な意思表示をさせることで、考えを明確にしてもらうという効果があります。また、意思表示に対して共感や、同調をして会話を掘り下げることにも使えます。質問を繰り返しながら相手から情報を得ることや要望を把握することで、意思疎通を図ることが出来ます。オープンクエスチョンは、相手との親近感と親密感を増すことに効果的な質問方法といえます。

　一般的に、商談では冒頭から中盤まではクローズドクエスチョンを使い「肯定的な心理状態」を作り、後半にかけてオープンクエスチョン増やしていくことで「親近感」と「親密感」を増し最後にクローズドクエスチョンで、決断を迫る手法がとられます。

　クローズドクエスチョンとオープンクエスチョンを効果的に織り交ぜて使う練習をすると良いでしょう。

２．トップセールスパーソンは話し上手？

第２章の 02 でコミュニケーション能力について説明をしました。

　ここでは、営業パーソンとしてのコミュニケーション能力について掘り下げて説明をしていきます。よく、商談にお伺いした際に、

　「さすが、営業パーソンは話し上手だね〜」

と、言われることがあります。本当にそうでしょうか？

　筆者である私を含め、すべての営業パーソンが「立て板に水」のように淀みなく話ができるように、話し上手だとは思いません。もちろん、話が上手な方もいるとは思いますが、「話が上手い＝営業成績が良い」わけではありません。
　なぜなら営業の仕事は、売りたい商品・サービスについてお客様に対し、一方的に話して購入する気にさせて売ることだけが仕事ではないからです。
　営業成績が良いといわれる営業パーソンは、ヒアリングからお客様の情報・ニーズをしっかりと把握して、本当に必要な商品・サービスの提供をしているのです。

　営業パーソンに必要なことは、「立て板に水」のように淀みなく話が出来る必要はなく、「お客様の声、お客様の要望である話を聞くこと」となります。

　話を聴くということについて、ユダヤの格言にこんな言葉がありますので紹介します。

　「人には口が一つなのに、耳は二つあるのはなぜか？それは、自分が話す２倍、他人の話を聞かなければならないからだ。」

図表 3-9：聴き上手でありたいですね

　お客様の要望を聞くことなく営業パーソンの売りたい商品・サービスの話ばかりをしても、相互コミュニケーションを図ることはできず、成果に結びつけることは難しいはずです。とは

いえ、聞き役に徹する事はなかなか難しいものです。営業パーソンとして、商品・サービスのことや、それにまつわる豆知識など、ついつい説明したくなってしまいますよね。

聞き役に徹するということで、まずは、ご友人と会った時などに聞き役に徹する練習をするのもいいかもしれませんね。

3．ゴールを見据えたヒアリング

人は、一貫性の法則に従って行動してしまうものです。

一貫性の法則とは、他人に宣言したことや、他社との約束を守りたい、と無意識に思ってしまうことを言います。

お客様に契約をいただくため行うヒアリングは、商談の重要なプロセスの一つです。
一貫性の法則を踏まえると、お客様の商品・サービスを購入する意思決定を誘導できます。決め手となる回答をヒアリングで引き出し、営業パーソンへの宣言や約束にすることで、成約に繋げていきます。そして、どの様な回答をお客様から引き出すのかを予め決めておく必要があります。

どの様な回答を引き出したいのか、予め決めておく例としては以下のようになります。
この例題では、契約をする意思表示を引き出すまで、質問をしながらヒアリングし、お客様の考えを導き出していきます。

営業パーソン「今よりも光熱費が下がったら嬉しいですよね？」
お客様　　　「そうですね」
営業パーソン「光熱費で、年間〇〇万円が節約出来たらどうしますか？」
お客様　　　「家族で旅行にでも行こうかな～」
営業パーソン「いいですね！もし、初期費用なしでシステム導入できるとしたらどうですか？」
お客様　　　「それはいいよね」
営業パーソン「是非、光熱費を節約して家族旅行に行ってください」
お客様　　　「そうだね。じゃあ、お願いしようかな」
営業パーソン「ありがとうございます！」

と、いう感じで適切な質問により相手の要望やニーズを引き出し、それに合わせたアプローチをすることで、お客様はセールスされたという印象を受けずに、自身の「家族旅行に行きたい」という言葉を実現するために、契約に導かれるのです。

一貫性の法則を理解し、適切な質問によって要求やニーズに応えるアプローチをすることで成約というゴールへ誘導することが出来ます。

図表 3-10：自然とゴールに導いて

03　プレゼンテーション

１．信頼を得るための商談構成

　営業パーソンとして、お客様との商談をどの様に進めていますか？

　ここでは、お客様に信用していただき、信頼を得ることで契約につながる商談の構成について紹介します。

①　自己紹介

　通常、アポイントを取る際に簡単な自己紹介はしているはずです。初めての商談時には、改めて自己紹介をするとともに、自社の会社概要と実績をしっかりと紹介していきましょう。

会話例）株式会社○○の営業を担当している山田と申します。
　　　　弊社は、○○県○○市で創業 15 年の住宅リフォーム専門会社です。
　　　　弊社のビジョンは「すべての家族が明るく暮らせる環境づくり」であり、お客様の住いに関するお悩みの解決に力を発揮できます。

②　ヒアリング

　自己紹介の次に行うことは、お客様からのヒアリングです。お客様が日ごろ抱いている、不安や、不満などを聞き、どの様にすれば満足するのか？どれくらいの期間、不満に思っているのかを詳細に伺います。前章で述べた「お客様の要望である話を聴く」に集中します。このヒアリングで重要なポイントは、お客様から聴き、共感、同調できることを見つけるために聞くことです。そして、不安、不満を解決できる事例があれば、知識や経験則から同じような事例を伝え、不安、不満を解消できるスキルがあることを理解してもらいます。この段階で、取引先やお客様に親近感と親密感を持ってもらうことに注力します。

会話例)
　　お客様　　　　「築10年で、色々とメンテナンスが必要になってきました」
　　営業パーソン「そうですね。メンテナンスで一番気になることは何ですか？」
　　お客様　　　　「メンテナンスにかかる費用ですね」
　　営業パーソン「私のお客様に同じような悩みをお持ちだった方がいました。その方は、家計費の見直しと電気・ガス料金を削減することで、メンテナンス費用の一部を軽減されました。この様な事例にご興味ありますか？」

③　商品・サービスの紹介

　お客様の不安、不満などから聞いた情報を解決する事例を紹介したうえで、親近感、親密感を持ってもらえた段階で、自社の商品・サービスを紹介していきます。ここで注意するべき点は、積極的に「売り込み」をしないことです。なぜなら、今時点で「どんな営業パーソンからでも購入する」、「営業パーソンによって購入するかどうか決まる」、「どんな営業パーソンが対応しても購入が難しい」のどこに該当するかが判別できていないからです。

　まずは、自社の商品・サービスを紹介しても良いか確認をすることから始めます。

会話例)
　　営業パーソン「築10年で、色々とメンテナンスをされるとのことですが、私どもの扱っている商品に〇〇という外壁塗料があります。商品の特性などを紹介させていただいても大丈夫でしょうか？」
　　お客様　　　　「はい。大丈夫ですよ。」

④　イメージを植え付ける

　お客様が自社の商品・サービスに対して興味を示した段階で、購入後のイメージを抱く様に類似の事例紹介をします。この際、具体的な資料やデータをもとに話をすると、よりイメージを具体化することが出来ます。例えば、似たような状況にある方が購入した事例を画像や、資料をみせて理解してもらうことで、購入後の変化やメリットなどを明確にしてもらうことが出来ます。

　お客様が、商品・サービスを実際に使った時に起こる変化や、得られるメリットが、お客様のイメージと近ければ近いほど、購入の確率は高まります。お客様の不安、不満の解消ともなる第三者の情報を使ってイメージを植え付ける方法は、心理学で「ウィンザー効果」とよばれ

ています。

会話例)
　　営業パーソン「同じように築 10 年のご家庭で、ご契約いただいた方の事例の資料をご覧く
　　　　　　　　　ださい（資料や画像をみせる）」
　　お客様　　　「なるほど。具体的でイメージしやすいですね」

⑤　クロージング（結論）
　　お客様のイメージが具体化できた段階で、意思決定を促すクロージングを行います。クロージングについては、詳しくは後述します。ここでは、商談の構成における最終工程として説明をします。
　　「自己紹介」、「ヒアリング」、「商品・サービス紹介」、「イメージの具体化」と、お客様の購入意欲を高めることが出来たら、最後に Yes／No の判断をしてもらいます。この際に注意することは、必ず Yes となるように強引なクロージングをしないことです。No という結論が出た場合でも商談は終了ではなく、継続と理解しましょう。

会話例)
　　Yes の場合
　　営業パーソン「私共としては、○○様に A プランまたは、B のプランをお勧めいたしま
　　　　　　　　　す。ご契約をいただけますでしょうか」
　　お客様　　　「わかりました。A プランの契約について詳しく教えてください」
　　営業パーソン「ありがとうございます。A プランの契約で承りました」

　　No の場合
　　営業パーソン「私共としては、○○様に A プランまたは、B のプランをお勧めいたしま
　　　　　　　　　す。ご契約をいただけますでしょうか」
　　お客様　　　「ご提案ありがとうございます。提案内容を検討するため今回は見合わせます」
　　営業パーソン「ありがとうございます。では、改めて○○様のお話をお伺いさせていただき
　　　　　　　　　たいと思いますので、○週間後にもう一度お時間をいただけますか？」

　　というように、Yes／No の判断により会話は変わります。No の場合は、必ず次に繋がる会話にしていきます。そして、②のヒアリングから再スタートすることを覚えておいてください。

　　これが、商談構成の基本になります。とはいえ、あくまでも一般事例としての商談の構成になるので、業界業種、営業手法または、商談の内容によって臨機応変に変える必要があります。

　　まずは、皆さんのビジネスにおける基本的な商談構成をノートなどに書き出してみてください。基本構成をもとに、取引先やお客様に合わせて都度、アレンジを加えることで様々な営業のアプローチが出来るようになるはずです。

商談の構成や、営業のアプローチ方法にバリエーションが増えれば増えるほど、営業活動やお客様との商談の時間が楽しくなるはずです。

図表 3-11：ノートにまとめましょう

２．メインニーズ、サブニーズの明確化

　この項では、ニーズすなわち、需要の明確化について伝えていきます。営業パーソンである皆さんから商品・サービスを購入するお客様には、必ずニーズ（需要）があります。そして、お客様のニーズには、メインニーズとサブニーズがあるのをご存知でしょうか？

　メインニーズとは、商品・サービスを必要とする理由のことですが、サブニーズとは、商品・サービスによって得られる付加価値やベネフィット（恩恵）の事をいいます。
　メインニーズとサブニーズを分かり易く説明すると次のようになります。

お客様　　　　　「ペットボトルの水を購入する」
メインニーズ　　「喉が乾いているので潤したい」
サブニーズ　　　「持ち運びに便利で、数回に分けて飲むことが出来る」

お客様　　　　　「低燃費のハイブリッド自動車を購入する」
メインニーズ　　「燃費が良いのでガソリン代が安くなる」
サブニーズ　　　「環境に優しい車に乗ることで、自然を守る意識を持つ」

　もちろん、お客様ごとにメインニーズとサブニーズの捉え方は様々ですので、必ず「これだ！」と、いうものがあるわけではありません。そして、お客様が商品・サービスを購入する際に決め手となるものが「メインニーズ」によるものか、「サブニーズ」によるものかはお客様によって違います。
　ここで皆さんに理解していただきたいのは、商品・サービスを購入するにあたり「ニーズは一つではない」ということです。そして、商品・サービスを提案する営業パーソンも、メインニーズとサブニーズの両方に対してアプローチをする必要があるということです。先程の例をも

とに説明してみます。

　低燃費のハイブリッド車の購入を検討しているお客様に対して、

　　「ハイブリット車ですので、ガソリン代が安くなり家計にやさしい車です」

　という営業パーソンの言葉に対して

　　「どれくらい月のガソリン代は節約できますか？」

　と、メインニーズでの応対をすれば購入の決定を促すことは可能になってきます。一方で、「ハイブリッド車云々」ということを前提で購入を検討しているお客様に対して、「ガソリン代節約」の提案をしても購入の決定には繋がりにくいかもしれません。なぜなら、サブニーズによって購入の意思決定をするお客様には、メインニーズは同業他社と同じで差別化する要素ではないからです。

　つまり、サブニーズによって商品・サービスの購入を決定するお客様は、「その商品・サービス」を買うのではなく、「その商品・サービス」によって得られる付加価値やベネフィットを購入するのです。なので、低燃費のハイブリッド車の購入を検討しているお客様に対して、

　　「環境に優しい車に乗ることで、自然を守る意識を持つことが出来るのでお子様の情操教
　　育にも役立ちます」

　と、付加価値をお伝えすることで購入の決定を促すことが出来ます。

　お客様が商品・サービスを購入する際に重要と考えるものが、商品・サービスそのものである「メインニーズ」であるか、商品・サービスによって得られる付加価値やベネフィットである「サブニーズ」であるかを見極め、お客様に響く提案をする必要があります。

　お客様のニーズがどちらなのかを見極めるために、前述の「ヒアリング」がやはり重要になることを覚えておきましょう。

図表 3-12：ニーズは一つとは限りません

04 クロージング

1．テストクロージング

　営業パーソンにとって最も重要かつ、能力が試される仕事が「クロージング」です。
時間と労力をかけてアポイント～提案～商談と順調に営業活動を進めてきても、最後に契約を
決めて頂けなければ「全て水の泡」となってしまいます。

　営業力とは、「クロージング力」ともいえます。

　では、この「クロージング力」を高めるために営業パーソンは何を学び、何を実践すれば良
いのでしょうか？この項では、クロージング力を高めるための方法を解説していきます。
皆さんは、お客様に対して一通りの提案と商談が済み次第、なんの前触れもなく、

　「では、契約をお願いします。」

と、切り出してもほとんどのお客様はＮＯということになるでしょう。なぜなら、色々な提案
や商談を通して営業パーソンに対して親密感、親近感があったとしても、突然、最終通告のよ
うに「契約」となれば、躊躇するのが当然です。
　この様な時、どうすればスムーズに契約を締結できるようになるのでしょうか、クロージン
グ力をアップできるのでしょうか？

　答えは、「テストクロージング」を適切なタイミングで都度、入れていくことです。

　テストクロージングとは、その名の通り「クロージング」を「テスト」することです。例え
ば、購入前の顧客に対し商品・サービスを「どうすれば購入してもらえるか」を聞くことがあ
りますが、これもテストクロージングの一種です。

　テストクロージングにはさまざまなパターンがあり、顧客に対する以下のような質問がテス
トクロージングに該当します。

　「もし購入するとしたら何色がよいですか？」
　「どのサイズが似合うと思われますか？」
　「このサービスを導入したら、御社の業務はどの程度改善すると思われますか？」
　「あと１割値引きしたら購入をご検討いただけますか？」
　「もしご予算が増えたら購入していただけますか？」

「仮に来月までに納品できるとしたら発注していただけますか？」

このように、何かしらの条件や前提を踏まえた上で、購入の意思を確認するプロセスをテストクロージングと呼びます。

テストクロージングを行う意義として最も大きいのは、顧客の購入意思を確認することです。

「○○であれば〜」という条件付きではありますが、顧客から買うという言葉を引き出すことにより、意思の確認を行います。

営業のゴールは契約です。契約に至るまでに何度も顧客と交渉を重ね、商品やサービスの説明や見積もりの提示などいくつものプロセスを踏んでクロージングへと向かいます。

しかし、クロージングのタイミングを見誤ると顧客に逃げられてしまい、それまでのプロセスが台無しになります。そればかりか、せっかく培った信頼関係が崩れたり、競合他社に契約を取られたりすることもあります。

これを防ぐためには、クロージングの前にテストクロージングを行うのがベストなのです。

テストクロージングにより、顧客が抱える不安点や疑問点を顕在化し、顧客の「買わない理由」をひとつずつ排除して契約に近づけていきます。

前述の通り、テストクロージングを行わなかった場合、顧客はいきなりクロージングされることになります。購入意欲がまだ高くないうちにクロージングされると、顧客は不快に思うこともありますし、逆に購入意欲を下げてしまいかねません。

従って、上手い営業パーソンは、正式なクロージングの前に必ずテストクロージングを挟み、顧客の購買意欲を上昇させてからクロージングを行うのです。

そして、テストクロージングを行う上で重要な要素になるのが、クローズドクエスチョン、オープンクエスチョンをうまく使った質問力になります。お客様の「買わない理由」を打ち消す質問力を高める努力も必要であると覚えておきましょう。

2．クロージング方法

クロージングとは、お客様と契約を結ぶことです。英語の「Closing（クロージング）」は、「終わり」や「結び」という意味ですが、ビジネスにおいては「契約を結ぶ」という意味で使われています。

別の言い方をすれば、クロージングはお客様に対して注文や契約をするかについて、最終の結論を求める行為のことです。つまり、クロージングとはお客様に「決断してもらうこと」ということができます。

営業力を強化する、すなわち、クロージング力を高めるには、闇雲にクロージングをしようとしても成果は出ません。成果を出すためには、いくつかのクロージング方法を用意し実践することが重要になります。

代表的なクロージング方法を覚えてしっかりと活用してみましょう。

　一つ目のクロージング方法として、「ドア・イン・ザ・フェイス・テクニック」があります。これは、はじめに高い要求をしてわざと相手に拒否させてから、水準を落とした要求をするというクロージングのテクニックです。人は一度拒否をすると後ろめたさを感じるという心理を利用し、仮の要求を拒否させたのち、本当の要求を通すやり方です。

　ドア・イン・ザ・フェイス・テクニックを営業で活用する場合は、相手の要求するレンジより少し高額の見積りと、多少低めの見積りの2つを用意しておきます。最初にすこし高額に設定したほうの見積りを提示してあえて難色を引き出し、そののちに、適切なタイミングで低めに設定した見積りを切り出して契約に結び付ける、というのが基本的な流れです。

　このクロージングテクニックは、「返報性の原理」とよばれる「行動心理学」の知見に基づいています。人は、「何らかの借りを作ったときに、相手に何かの"お返し"をしなければならないという気持ちになる」、という心理を利用したテクニックです。
　営業におけるドア・イン・ザ・フェイス・テクニックでは、まず相手に断らせることによって貸しを作り、続く提案に対して断りにくい空気を作ります。気を付けてほしいのは、あくまで人の感情に触れるテクニックですので、"テクニックありき"でこの手法を使用することは避けましょう。テクニックに溺れてしまうと、表層的な行為は見透かされてしまいます。あくまで、自社の商品・サービスが相手のためになるということが前提です。

　二つ目のクロージング方法は、ゴールデンサイレンスを意識する方法です。
　「ゴールデンサイレンス」とは、「ご契約いただけますか?」と尋ねた後に、お客様が黙ってしまう行為、時間の事です。この沈黙の時間を「ゴールデンサイレンス」とよびます。
　この様な経験をした営業パーソンは、沈黙を恐れるあまりに唐突に声をかけてしまう方も多いのではないでしょうか。たしかに、沈黙が続くと「何か話せなければ」と思ってしまいます。
　しかし、これは大きな間違いです。なぜなら、ゴールデンサイレンスに入ったお客様は、契約をするかどうか思案している最中だからです。
　そんな状況でいたずらに声をかけると、相手の思考の邪魔をしてしまい、せっかく訪れた契約のチャンスを妨げることになりかねません。もちろん、相手が契約をどう断ろうかと考えているケースもあるので、沈黙を見守るか、話しかけるかの見極めが必要です。
　このケースでよく見かける失敗例として、

「お悩みであれば、後日に回答をしていただいても大丈夫です。」

などと、顧客に猶予の時間を与えてしまうことです。せっかく契約を検討しているのに、わざわざ後日にあらためるのはもったいないです。よほどの意図がある場合をのぞいては、こういう発言は避けましょう。

　クロージング前のゴールデンサイレンスは、まさに「黄金の沈黙」です。沈黙を恐れず、チャンス(成約)が訪れるまでじっとこらえるようにしましょう。

　クロージングの三つ目の方法は、「選択肢を用意する」クロージングです。

　人は誰でも「自分で決めた」と、納得したい心理があります。反対に、選択肢がない状態で最終的な決断を迫られると、反射的に拒否をする心理が働きます。この心理的原則を利用して行うクロージングが「選択肢を用意する」クロージングです。

　ここで重要になるのは、お客様が自ら選べるように「いくつかの選択肢」を用意することです。商品であれば二つ三つほど用意したり、サービスであれば二つ三つのプランを提示したり、選択できるように準備しておきましょう。

　例えば、価格の異なる三つの商品・プランを用意しておくと、「松竹梅の法則（極端の回避性）」が働き、真ん中の「竹」を選ぶ人が多くなります。この法則を使うとすれば、真ん中にあたる「竹」に勧めたい商品を入れておくと、選んでもらえる可能性が高くなります。

　商品・プランが２種類しかない場合は、

　「どちらが御社のニーズに近いですか？」

というように、どちらか一方を選ぶような問いかけをしていきます。どちらかを選ばざるを得ない状況でも、「自分で選択した」＝「自分で決めた」と解釈してくれます。ここで営業パーソンが積極的に「どうされますか？」と聞くと、「やめておこう」という選択肢を与えることになるので、お客様が自ら二者択一で選んでもらうように待ちましょう。

　営業力強化に繋がる効果的なクロージングテクニックについて説明をしました。これらのテクニックは、いずれも基本的なテクニックですが、すべてを臨機応変に使いこなしている営業パーソンは多くありません。つまり、基本的なクロージングテクニックを身につけるだけで、他の営業パーソンに差をつけることが出来ます。

　しっかりとクロージングテクニックを身につけて、営業力を強化しましょう。ただし、あくまでもテクニックですので、お客様に見透かされないように上手に使うようにしましょう。

第4章

アフターフォロー

01　感謝の言葉

　皆さんは、契約をしていただいたお客様に対して「アフターフォロー」をどの様に行っていますか？また、どれ位の時間を使っていますか？

　ひょっとしたら、営業としての仕事は契約までという考えから、

　「契約をもらったらもう何もしなくて良い」

と、考えている方がいるのではないでしょうか？業界業種によっては、「売りっぱなし」というような「アフターフォロー」を一切しないケースもありますが、お客様との良好な関係性を維持するためには欠かすことのできない業務であることを認識してください。
営業パーソンとして、契約を取ることは非常に大切ですが、実はそれより大切なのが、アフターフォローです。この項では、既存顧客へのアフターフォローの意義とやり方について説明します。

　営業パーソンの仕事は、商品・サービスを売ることです。そのために、お客さまの話を聞き、お客さまの役に立つにはどうすれば良いかを真剣に考えます。しかし、これは商品・サービスを売るまでの話であることがほとんどです。商品・サービスを売った後、お客様を訪問することは少なくなり、意識しなくなる営業パーソンがほとんどです。

図表 4-1：面倒くさいなぁと思ってしまいますか？

　お客様も、営業パーソンが商品を売った後は、他のお客様への営業活動で忙しくなることは理解しています。そのため、商品・サービスを買った後、営業パーソンに何かを期待していません。ですが、商品・サービスの購入後も、顔を出すような営業パーソンには安心するだけでなく、信頼してくれるのです。

営業パーソンは商品・サービスを売った後の「アフターフォロー」に力を注ぐべきなのです。一見、すぐに売り上げにつながらないアフターフォローは時間の無駄のように感じるかもしれませんが、必ず次の案件依頼や人の紹介という形で、自分に戻ってきます。

アフターフォローでお客様に好印象を与えるのは、心理学用語の「エスカレーター効果」で説明できます。止まっているエスカレーターを登ったり降りたりするときは、足が重くなったような感覚を覚えます。止まっているエスカレーターを歩かなければいけなくなると、脳が普段のエスカレーターでしているようなバランス調整を再現してしまうのです。これは、思い込みに対する違和感から来ています。

つまり、お客様は「営業パーソンは売ったら終わり」という感覚を持っているため、逆のことをすると、好印象を持たれやすいということです。営業パーソンのアフターサービスがいいほうが、リピートしてくれる確率は格段に高くなります。だから優秀な営業パーソンほど、アフターフォローを大切にしているのです。

では、これをどのようにして営業活動に取り入れるのが効果的なのでしょうか?

「売ったら終わり」の営業パーソンが多い中、商品・サービスを売った後も気にかけてくれる営業パーソンのことは信頼されます。しかし、多くの営業パーソンが売ることばかりに意識がいっているためアフターフォローによってお客様から信頼を得るまでの関係性が築けないのです。

私がコンサルティングとして営業の指導で同行したときの話です。お客様から良い印象を持たれていない営業パーソンのAさんがいました。お客様に話を聞いてみると、Aさんは契約をする前は親身になって相談に乗ってくれるし、よく足を運んでくれたそうです。それが、契約をして商品を購入してからは急に訪問をしなくなり、お客様から問い合わせをしても、契約をする前のように親身になってはくれなかったそうです。その後は、「新しい商品が出るたび売りたいタイミングになると現れる」ということを繰り返していました。自分にとって都合がいいときにしか来ないため、Aさんはお客様から信頼をしてもらえなくなってしまったのです。

一方、あまり目立たない営業パーソンのBさんがいました。Bさんは、お客様を訪問すると「訪問してくれてありがとう!」と、歓迎されています。他の営業パーソンは商品を販売するまでは頻繁に訪れて、契約・購入後は疎遠になる中で、Bさんだけがアフターフォローとしてお客様のもとへ通っていました。この様に、お客様から「感謝の言葉」ともいえるお礼を言われる良好な関係性を築くことで、新しいビジネスのチャンスを優先的に獲得することが出来るのです。

効果的なアフターフォローをするタイミングは三つあります。ぜひ、効果的に活用して下さい。

一つ目のタイミングは、商品・サービスを購入いただいた後、1カ月以内のタイミングで訪問することです。お客様が商品・サービスを使ってみた感想を聞くついでに、購入のお礼に伺うイメージです。

　　アポイントの取り方は、

　　「購入のお礼を兼ねて、早速、商品を使ってみてどうだったか教えて下さい！」

というように連絡すれば大丈夫です。お客様が多忙でタイミングが合わない場合を除いて断られることはないはずです。

　　二つ目のタイミングは、商品・サービスを購入いただいた後、３カ月以内のタイミングで訪問するということです。お客様が商品やサービスを購入後、使用して気づいたことや様々な感想を聴くなどを目的に訪問します。
　　アポイントの取り方としては、

　　「ご購入いただいてから数カ月経過しましたが、その後いかがでしょうか？」

というような感じで連絡すれば大丈夫です。お客さまが忙しい場合でも、「お客さまの声を発表する会議があるので、忌憚のないお話を伺えればありがたいです」と言えば、断られることもないはずです。

　　三つ目のアフターフォローのタイミングは、商品・サービスを購入いただいた後、６カ月以内に訪問します。それまでに１度も訪問したことがないと、前述のＡさんのように都合の良いときだけ来るというように、警戒される可能性がありますので、１〜３カ月の間に最低でも１回は訪問しておくことが大切です。三つ目のタイミングは、お礼や問題点の確認などの訪問があってこそ成立するタイミングなのです。
　　通常、このタイミングで今後の見通しを伺います。お客様が必要、検討している商品・サービスがあれば提案をする機会を得ることが出来ますし、定期的に使う商品・サービスであれば次の購入を検討していただける可能性が出てきます。
　　３回目の訪問の際に、次の商品・サービスを購入していただくための営業活動を始めるのがポイントです。
　　アポイントの取り方としては、

　　「最近、困りごとは有りますか？次の購入計画などあればお伺いできますか？」
　　「新しい商品・サービスにご興味はありますか？」

というように、商品・サービスの提案をする前提のアポの取り方で問題ありません。

　　お客様の意見として、営業パーソンは「商品を売った後は、力を入れないものだ」という思い込みがあるため、アフターフォローに力を入れると評価が格段に上がります。営業パーソンは、お客さまと信頼関係を深めるためにも、ぜひアフターフォローに力を入れることを忘れないようにしてください。

02 お客様の言葉でしか気づけない

　営業パーソンが契約後のアフターフォローを行うことで、お客様と良好な関係性を築くことが出来るとお伝えしました。そして、アフターフォローによって信頼を得ることにより、次の契約や、新たなお客様のご紹介を頂けることにも繋がります。

　一方で、お客様との信頼関係を築くうえで感謝やお褒めの言葉をいただくばかりではありません。
時には、様子伺いで訪問したときに商品・サービスに対する「苦情」や「不満」を聞かされることもあります。中には、商品・サービスの瑕疵ではなく、お客様の取り扱い方や、指示書通りの手順を踏まずに行ったことで発生するトラブルに対しても、

「高いお金を出して購入したにも拘らず、不具合がある」
「不良品を押し付けられた」

など、一方的に文句を言われるようなケースもあります。
営業パーソンの立場としては、お客様に不快な思いや、不満を与えるような商品・サービスを提供したわけではないので、いわれなき非難と感じることでしょう。そして、そのようなお客様へアフターフォローの訪問が疎かになる傾向があります。

　この様なお客様からの苦情、不満などを「単なる当てつけ」と捉えるだけでなく、お客様からの重要なメッセージの発信として受け止める必要があります。なぜなら、全てのお客様の声は、商品・サービスに対する貴重な情報として社内で共有し、商品・サービスの開発・改善に反映していくことが出来るからです。
　すなわち、お客様から発信される「生の声」をもとに、商品・サービス、アフターフォローなどの品質を上げることで、顧客満足度の向上に繋げることが出来るのです。

　より良い商品・サービスを提供するには、"お客様の声を大切にし、お客様目線で作り上げる"必要があります。実際に、皆さんの会社が提供する商品・サービスに対して、第三者の意見は非常に重要となります。、特に、実際に利用しているお客様の意見を聞かないと、商品・サービス、アフターフォロー等の品質は提供する会社側の独り善がりになりがちだからです。
　お客様の中には積極的に意見を言ってくださる方も一定数はいますが、ほとんどの方は何かしらの意見、苦情や不満を持っていても、特に何も言わないものです。
　そして、何も言わないお客様に対して問題がないと考えることで、最も怖いのは、多くのお客様が不満を持ち、そのまま何も言わずにどんどん利用をやめてしまい、気づいたら購入数、サービス利用者数が激減していることです。

　そして、営業パーソンは商品・サービスが購入数減少となっている原因が分からないまま泥沼に陥ることになってしまいます。

　そのような状態になってから対策を練っても、元の状態に戻すには多大な労力と経費、時間がかかります。

　そうならないためにも、お客様の声を積極的に収集する仕組みづくりが大切です。

　お客様の意見を集めるために大手企業などは、サポートセンターもしくは、お客様相談室といった専用の窓口を作り、お客様から直接、不具合や不満などの意見を受けつけています。この窓口から得たさまざまな声を集め、それを社内で共有し、商品・サービスのさらなる品質向上をするために活用していくのです。

　このような窓口を作るには、相応の資金力や人材の確保が出来ないと難しいですが、お客様から無記名のアンケートを取る、直接お客様を訪問、もしくは電話応対で営業パーソンがアフターフォローを行う際にヒアリングをするなど、有効な手段はいろいろあります。

　お客様からいただく意見は、商品・サービスを提供する側にとっては、大きな財産です。そして、顧客満足度を高め営業力を強化するため多くの気づきを与えてくれます。

　ぜひ、積極的にお客様の声に耳を傾けて有効活用してください。

図表 4-2：相談される営業パーソンに

　お客様の声を聞けば聞くほど営業パーソンとして「進化」していくことが出来ます

　お客様一人一人から相談に応じることで日々「進化」していきます。

　昨日よりも今日、成長した自分になり、今日よりも明日、さらに成長した自分になれるようたくさんの「お客様の声」を聴くようにしていきましょう。

図表 4-3：お客様の声を集めて

03 あなたはオンリーワン

　アフターフォローでお客様と良好な関係性を築くことで、ビジネスの発展に繋がるとともに、双方に信頼関係が育まれることになります。そして、その信頼関係があるからこそ、お客様は営業パーソンであるあなたに対して、商品・サービスに対する品質向上のヒントとなる「意見」、「苦情」、「不満」を直接伝えてくれるのです。

　この様に、本音で接してくれるお客様との関係性を築くには、通り一遍のアフターフォローをするだけでは相当な時間と労力を必要とします。この時間と労力を少なく効果的に関係性を築く方法については、前述した通りお客様と継続的にコミュニケーションをとり、お客様の考えや、経験に共感、同調をしながら親密感と親近感を深めることで、関係性を短期間で築くことが可能になります。

　私が営業パーソンとしてお客様に接していた時、アフターフォローを兼ねて訪問するたびに、家族や、友人のように親しく接していただけるお客様が多くいました。そのお客様に何度か次のように尋ねたことがありました。

　「なぜ、私が提案した商品・サービスを購入してくれたのですか？」

　私の問いかけに対して、お客様からの返事は様々でした。

　「説明が丁寧で分かり易かったから」
　「言葉や態度をみて信頼できると思ったから」
　「一生懸命、頑張っている人から買いたいから」

　人それぞれ、いろいろな理由を話してくれました。中には、照れくさくなるようなお褒めの言葉を話してくれる方もいました。

図表 4-4：なぜ買ってくれたのですか？

　しかし、お客様がどの様に評価してくれても、私自身が「これだ！」と納得できる明確な答えを得るには至りませんでした。

　「お客様は、なぜ、親身になって接してくれるのだろうか？」

　暫くの間、不思議に思っている私に対して、当時の勤務先の社長から次のように言われました。

　「君にとって、そのお客様は大勢のお客様の一人かもしれない。しかし、お客様にとって担
　当者は、君だけなんです。つまり、お客様にとって唯一無二の存在である君を大切に考え
　ているのです」

　つまり、お客様にとって身近に親身になって相談に乗り、困りごとを解決してくれるオンリーワンの存在であるということでした。

図表 4-5：お客様にとってあなたはオンリーワン

お客様にとって、私はオンリーワンの存在であるがゆえに、私自身も一人一人のお客様をオンリーワンと認識して関わらなければならないと気づくことが出来ました。

　お客様にとって、オンリーワンの存在であり続けるために、何を提供できるのか？また、どの様な存在でいる必要があるのか？を知るために、自分自身の強みと弱みを理解して、自分だけの営業スタイルを作り上げましょう。

営業パーソンとして、あなたの強みを考えてみましょう。
・自己評価としての強み
　例）コツコツと努力する
　　　積極的で前向きな態度

・他者評価としての強み
　例）柔軟な対応力
　　　ポジティブ思考

　あなた自身、色々な強みを持っています。その強みを磨いて伸ばしていきましょう。

営業パーソンとして、あなたの弱みを考えてみましょう。
・自己評価としての弱み
　例）情に流されやすい
　　　自己主張が強い

・他者評価としての弱み
　例）他者に対する評価が甘い

　誰しも完璧ではないので、様々な弱みがあるはずです。しかし、自分自身が弱みと感じる、他者から見ると弱みと見えるようなことも、お客様の目線で捉えると「それが良い」ということになるケースもあります。
　弱みも見方を変えれば強みとなることを考え、効果的に弱みを活用する方法を考えるのも良いかもしれません。

図表 4-6：強みを磨きましょう

　あなた自身の強みと弱みを理解することで、お客様にとってどの様な営業スタイルが最も喜ばれるのかを考えてみましょう。

　オンリーワンの担当者を必要とするお客様が、大勢いるはずです！

第 5 章

なぜ「営業パーソン」 していますか？

01　信念に勝るものなし

あなたは、なぜ営業として仕事をしていますか？
営業という仕事に就く理由は、人それぞれです。いくつかの理由を考えてみると、

「インセンティブでお金が稼げる」
「将来、独立を考えているから」
「たまたま入ったら営業だった」

色々とありますが、10 人いれば 10 通りの理由があると思います。

図表 5-1：あなたはなぜ営業職に就いたのでしょう？

　私は、「営業は、辛い仕事ではない。人のしあわせに寄り添える楽しい仕事である」と、いうことをすべての人に知ってもらい【営業は誇りある憧れの仕事】というイメージに変えることを目標に活動をしています。

　そんなことを言っている私が営業パーソンを始めたきっかけは、

「やりたいことがなかった。」
「給料が良さそうだった。」

という極めて単純な動機でした。なので、最初に入社した会社ではなかなか成績を上げられず、他人やビジネスの環境を理由に 1 年足らずで退職してしまいました。
　この時、「自分は、営業という仕事に適性がない」と、勝手に思い込んでいました。

図表 5-2：営業は向いてないのかな、とがっくり

その後、20 歳の時に浄水器の販売会社に入社し、たった 2 カ月でトップセールス賞を取ることができました。それには、先輩社員の存在が大きく影響を与えてくれました。
正直、彼との出会いが私の人生を変えたと言っても過言ではありません。

B to C 取引の訪問営業が主な業務でしたが、先輩社員と同行営業のときに今までの価値観が変わるほどの衝撃を受けました。

なんと、先輩社員は訪問営業をする家と家の間を全力ダッシュで移動したのです。その行動力を発揮することで、常に契約が取れると考えるポジティブな思考を持っていました。

私の中で、訪問営業のイメージや、営業＝大変といった一般の常識が壊された瞬間でした。

そんな先輩である「スーパー営業パーソン」に出会えたことで、営業パーソンとしての何を大事にするべきか？という、信念を持つことが出来たと考えています。

図表 5-3：トップセールスとして慌ただしく駆け抜ける日々

営業パーソンとしての信念を考えたときに、それまでの営業成績やお客様からの評価、社内の評価など営業パーソンとして「同僚に負けたくない！」という考え以上に大切にするものであると気づくことが出来ました。営業の仕事で成果を上げるために必要なことは「お客様との関係性を一番大事にする」を信念として仕事に邁進することが出来ました。

そして、上司や先輩、同僚から

「楽しそうに営業している姿に影響されて、自分も楽しく営業するようになった」

と、評価してもらうことが出来ました。

なぜ、「営業という仕事をするのか？」という問いかけに対して、答えは人それぞれ違うと思います。しかし、営業として成功するには何をすべきか？という問いかけに対して、ほとんどの営業パーソンは「お客様のために」という考えを持っているのではないでしょうか？

営業として、「お客様のために」という思いは、信念として自らの行動と考えを前向きなものにし、結果として営業力のアップや営業成績にあらわれてきます。そして、信念を持った営業の仕事は、楽しく夢のある仕事と考えています。

図表5-4：楽しんでやると自然と楽しさが伝わります

02　トークより自分磨き

私が営業の育成指導をしている時に、よく次のような質問をされることがあります。

「どうすれば、契約の取れる営業トークが身につくのか？」
「切り返しトーク、応酬話の方法はどこで覚えるのか？」
「お客様へのアプローチには、どの様に接しているのか？」
など、具体的に営業パーソンとして必要なスキルのノウハウをどの様に習得するかというこ

とに集中して尋ねられます。

　もちろん営業パーソンとして「コミュニケーション能力」を高めるセールストークなどのスキルが必要であり、ノウハウを習得するため疑問に感じたことを尋ねることは素晴らしいことです。そして、お客様に対する提案のため「商品・サービスの知識」を充足させることも大切です。

　とはいえ、これらのスキルや知識を、他者から学んで身につければ営業としての成果に結びつくと思っていませんか？

図表 5-5：やるぞ！と燃えるのはいいけど・・・

　営業パーソンとして、セールストークのスキルや、商品・サービスに関する知識を充足させることは重要ですが、それ以上に必要なものはスキルや知識を活かすことが出来る「自分磨き」をすることが必要です。

　では、「自分磨き」とは、どの様なことを指すのでしょうか？
　自分磨きとは、その言葉が表す通り、自らの手に入れたスキルや知識を「お客様のため」という考えのもと、レベルアップすることです。
　そして、営業パーソンとしてレベルアップしていくため、先ず意識すべきことは当たり前のことを当たり前に出来ているかということです。

　・挨拶は大きな声でハッキリとする
　・「ありがとう」という感謝を伝える
　・約束は守る

　当たり前のことですが、出来ていないこともあるのではないでしょうか？まずは、当たり前のことがキチンと出来ているか振り返ることが自分磨きの第一歩です。

図表 5-6：当たり前のこと、ちゃんとできていますか？

　営業パーソンとして、ご契約をいただくためにお客様の課題や悩みを解決していくことが営業力を強化することに繋がります。そのための武器として、商品・サービスに対する知識やトークスキルが高い方が良いと考えるのは当然です。

　但し、知識やスキルをどれほど詰め込んでも、それを活かすための営業パーソンとしてのレベルが成長していなければ、適切にお客様の課題を解決することは難しいでしょう。

　営業パーソンとしてのレベルが上がっていけば、武器である知識やスキルを最大限に活用することでお客様のあらゆる悩み、課題に対して解決策を提案できるようになるでしょう。そして、お客様のあらゆる課題を対処、解決することで特定の商品・サービスだけに拘らず契約を取ることが出来るようになります。

　販売する商品やサービス、時代や市場が変わってもお客様の課題を解決し、実績のあげられる営業パーソンになるために、自分磨きをしてレベルアップしていきましょう。

03 生涯成長し続けることのできる最高の仕事

　よく、身体能力が活躍に大きな影響を及ぼすスポーツの世界などでは、２０歳を過ぎてからは年々衰退するだけと耳にします。
　確かに、筋力や体力によって能力差が発生するスポーツ選手などを思い浮かべると、年々パフォーマンスが落ちていく傾向があります。

　では、皆さんが携わる営業という仕事はどうでしょうか？ある一定の時期が来たら能力が衰

退するだけでしょうか？

　確かに、加齢からくる体力の衰えによる衰退はあるでしょう。しかし、知能には加齢による衰退と成長があります。

　知能には、流動性知能と単結晶知能というものがあり、流動性知能とは暗記力、集中力などのことを言い２０代を過ぎていくとその後下降する傾向があります。

　一方、単結晶知能とは知識、知恵、経験値、判断力のことで 70 代の方でも伸び続けるという話があります。

図表 5-7：年を重ねても伸び続けることができます

　そして、営業の仕事は、単に自社の商品・サービスを売ることでしょうか？

　本書では何度も述べてきましたが、お客様との良好な関係性を築き、継続的にお客様の不満や課題を解決するために、商品・サービスを購入していただくのが営業の仕事です。

　そのために、お客様である相手の事を知り、自分を知ってもらうことが重要となります。

　営業パーソンとして、何百人、何千人の人と出会い、お客様である相手のことを知り、お客様にとってのオンリーワンである自分の事を知ってもらう事で、知識、知恵、経験値などが増えるとともに、営業としても成長を続けていくことが可能になります。

　身体的成長とは違い、営業パーソンとしての成長は内面的なものであり、可視化できないために実感として捉えにくいかもしれませんが、確実に成長していきます。

　そのために、お客様一人一人との出会いを大切にし、全力で向き合い良好な関係性を築く必要があります。

　営業パーソンとして、成長し続けるために営業パーソンとして明確な目標を決めて着実にステップアップするきっかけとしてはいかがでしょうか？

「難がなければ無難な人生　難があれば苦労の人生　難あればこそ有り難し」

という言葉があります。

　難がない人生は無難な人生。難がある人生は有難い人生。難があるから成長させてもらえて結果ありがたい人生になるそうです。

　営業パーソンとして、無難な人生より難があってもそれを乗り越えるために試行錯誤の上で、結果を出すことで成長のできる、そんな環境を楽しむことが出来ることで営業力は強化されるはずです。

　営業パーソンとして成長し続けることで、最高の商品・サービスをお客様に提供することが出来、成長をすることが営業力強化の源です。

著者紹介

寺澤 進吾（てらざわ しんご）

　オフィス キーーウエスト　代表

　経営コンサルタント

　1965 年岐阜県生まれ。帝京大学卒業後、アメリカ留学を経て総合商社に入社。

　2005 年独立創業。経営戦略に基づく財務、人事、IT、物流の複合業務を融合した企業マネジメントによる経営の課題解決と企業成長の支援を行っている。近年は、企業の人事労務マネジメントの最適化を担い人材の採用・教育・育成と組織開発に注力して活動中。

山田 良介（やまだ りょうすけ）

　株式会社エルサ　代表取締役

　営業人材育成コンサルタント

　1983 年愛知県生まれ。個人向け電力サービス企業にて 15 年間、個人向け電力サービスの営業に携わり顧客満足とフォローアップによる「セールスの極意」で実績を積み重ねる。

　2015 年独立起業。B to C ビジネスに特化した営業人材育成に力を注ぎ、業種を問わず営業パーソンの教育、企業研修講師など幅広く活動中。

職業訓練法人Ｈ＆Ａ　営業力強化

2021年4月1日	初 版 発 行
2023年4月1日	第三刷発行

著 者　寺澤 進吾
　　　　山田 良介

発行所　職業訓練法人Ｈ＆Ａ
　　　　〒472-0023 愛知県知立市西町妻向14-1
　　　　TEL 0566(70)7766
　　　　FAX 0566(70)7765

発 売　株式会社　三恵社
　　　　〒462-0056 愛知県名古屋市北区中丸町2-24-1
　　　　TEL 052(915)5211
　　　　FAX 052(915)5019
　　　　URL http://www.sankeisha.com

ISBN978-4-86693-415-0